国家出版基金项目
NATIONAL PUBLICATION FOUNDATION

尚書的政治學說

熊理◎著

山西出版傳媒集團
山西人民出版社

圖書在版編目(CIP)數據

尚書的政治學説 / 熊理著. -太原: 山西人民出版社, 2015.3
(近代名家散佚學術著作叢刊 / 許嘉璐主編)
ISBN 978-7-203-08969-8

Ⅰ. ①尚… Ⅱ. ①熊… Ⅲ. ①《尚書》-政治學-研究 Ⅳ. ①K221.04

中國版本圖書館CIP數據核字(2015)第037128號

尚書的政治學説

主　　編　許嘉璐
著　　者　熊　理
責任編輯　梁晉華
助理編輯　張　潔

出 版 者　山西出版傳媒集團·山西人民出版社
地　　址　太原市建設南路21號
郵　　編　030012
發行營銷　0351-4922220　4955996　4956039
　　　　　0351-4922127(傳真)　4956038(郵購)
E-mail　sxskcb@163.com　發行部
　　　　　sxskcb@126.com　總編室
網　　址　www.sxskcb.com

經 銷 者　山西出版傳媒集團·山西人民出版社
承 印 廠　山西出版傳媒集團·山西人民印刷有限責任公司

開　　本　700mm×970mm　1/16
印　　張　6
字　　數　47千字
印　　數　1—3000册
版　　次　2015年3月　第1版
印　　次　2015年3月　第1次印刷
書　　號　ISBN 978-7-203-08969-8
定　　價　15.00圓

《近代名家散佚學術著作叢刊》編委會

總主編　許嘉璐

編委會　王紹培　王繼軍　許石林　李明君
　　　　汪高鑫　趙　勇　梁歸智　樊　綱
（按姓氏筆畫排序）

總策劃　越衆文化傳播·南兆旭

出版工作委員會

主　任　李廣潔

副主任　姚　軍　石凌虛

委　員　周　威　梁晉華　徐　勝　顔海琴
　　　　張文穎　秦繼華　馮靈芝　張　潔

設計總監　李尚斌

設計製作　王秀玲　何萬峰　歐陽樂天

出版説明

近代名家散佚學術著作叢刊選取一九四九年以後未再刊行之近代名家學術著作共一百二十册，編例如次：

一、本叢書遴選之著作在相關學術領域具有一定的代表性，在學術研究方向、方法上獨具特色。

二、爲避免重新排印時出錯，本叢書原本原貌影印出版。影印之底本皆經專家組審定，原書字體大小、排版格式均未做大的改變，原書之序言、附注皆予保留。

三、本叢書分爲八大類，以作者生卒年編次。

四、爲使叢書體例一致，本叢書前言後記均采用繁體字排版。

五、個别頁碼較少的版本，爲方便裝幀和閲讀，進行了合訂。

六、少數學術著作原書内容有個别破損之處，編者以不改變版本内容爲前提，部分進行修補，難以修復之處保留缺損原狀。

七、原版書中個别錯訛之處，皆照原樣影印，未做修改。

八、所選版本之抽印本頁碼標注，起始至所終頁碼均照原樣影印，未重新編排標注新頁碼。

由於叢書規模較大，不足之處，殷切期待方家指正。

總序／

披沙瀝金，以爲鏡鑒

◇許嘉璐

多年來有一個問題始終在我腦中盤桓：爲什麽在十九世紀末到二十世紀初，在短短的幾十年裏，中國的各個學術領域竟涌現了那麽多大師級的人物？這是中國近代史上一個極爲重要的現象，我認爲，如果不能給出令人滿意的答案，我們撰寫的近代學術史將是不完整的，甚至是缺乏靈魂的。後來我知道，著名人類學家克羅伯曾提出過一個問題：爲什麽天才成群地來？看來這種現象的出現並非中國所獨有，思考其所以然的也大有人在。而在那一次世紀之交中國的情况，似乎應驗了「天才成群地來」這個令克氏久久不解的疑問。錢學森先生曾從相反的方向提出了相同的疑問：爲什麽我們這個時代出現不了杰出人才？後來人們稱這個問題爲「錢學森之謎」。

要回答這些疑問不是件容易的事。與其迅速地囫圇地探尋，不如先多了解那些讓中國近代學術（應該包括人文科學和自然科學）史上閃耀着光輝的大師們的作品和自述，從而在腦海里盡量「復原」他們所處的環境和在那種環境下的心理路徑，從中或許可以得到一些啓示。

有一點是顯然的，這就是他們雖然都已遠離塵世而去，但是他們獨立思考的品性、求知治學的真誠、困厄窮愁中對節操的堅守，恐怕是他們共同的主觀因素，一直影響到現在，而且將會永遠留存下去。

就思想界、學術界而言，二十世紀上半葉是一個新説和舊説碰撞，中學和西學融匯的大時代。那時的學人極爲重視言行操守，同時具備現代知識分子的理想信念；他們的學術研究十分純净，絶少功利因素；他們的視界開闊，以包容的心態和嚴謹的風格造就了成果的大氣與厚重。至於在客觀因素一面，他們實際是在用工業化時代的事實解説着太史公所説的名山之作「大抵聖賢發憤之所爲作」，困厄苦難使得他們「皆意有所鬱結」。這種鬱結，幾乎和個人的名利毫無牽涉，他們永遠不能釋懷的，是民族的存亡、國運的興衰、民衆的福禍和文脈的續斷。

那個時代也是近代歷史上最大規模的中西古今學術調適、創新的時期，學術方法上的交互滲透和融合、創新亦可謂「於斯爲盛」。斯時之學人是要在封閉的屋墻上鑿出窗子的勇士，是使人能够看看外部世界的第一批導夫先路者，或者可以説，他們是在「意有所鬱結」時「彷徨」和「吶喊」的「狂人」。

相對於那時的哲人們，後來者是幸運兒。現在的形勢是，近三十年來學界空前繁榮，衆多學科有了長足之進，其中很重要的一點是學界有了更新穎、更廣闊的國際視野，似乎接續上了百年前的學壇盛事。但細想想，「古」與「今」還是有差别的。其异，主要不在於世界情勢、學術進展、工具改善這些客觀存在，而在於在廣泛吸收各國優長的同時，自身文化的主體性越來越受到重視，换言之，「拿來主義」已經延長了「拿來」的程序，加上了試用、甄别、篩選、吸收、融合、成長。就我孤陋所見，在當今地球上，面向所有異質文明，努力汲取我之所缺，其範圍之大和心態之切，似乎無出中國之右者。從這個角度説，我們已經超越了前輩。但是事情還有另外一面，學術，特别是人文學科，其職業化、「沙龍化」和功利性，以及隨之而來的浮躁病却嚴重了。從這個角度説，是不是我們已經後退得够可以的了？而這是不是我們這個時代出不了大師的原因之一呢？

民國學術界的特點之一是極爲注重對傳統的反省、批判與繼承。他們對傳統文化盡最大的努力進行整理和研究。一方面，由於戰亂頻仍，民不聊生，學者們擔起了讓中華文化薪火相傳的歷史責任；另一方面，他們要通過對中國傳統文化的整理、挖掘來重振民族自信心。這一時期對傳統文化進行整理的全面而深入是前所未有的，舉凡文字學、語言學、經濟學、法學、哲學、政治制度、書法繪畫、金石學……規模之宏大，研究之精微，令人嘆爲觀止。

民國學術推動了現代學科體系的建立。在對傳統文化整理和研究的基礎上，吸收西方的文化思想和理念，推動和建立了中國現代學科體系。例如，在對語言文字和音韻學成果進行整理、研究的基礎上開始着手規範之，建立了國語學；深入研究書法、國畫，將其融入了現代美術學科；在廢除舊有學制後逐步建立起小、中、大學較完整的科目和學科體系。

民國學術也改變了傳統學術方式，建立了新的研究範式。以現代科學考古爲發端，科研的實踐和成果使中國知識界真正認識到在實驗、比較基礎上的邏輯分析對學術研究的重要，推進了中國學術的一大演變。至於我們常説的打破士大夫傳統、走出書齋到田野鄉村和市民中進行調查研究、結束了經學時代、以歷史眼光檢視儒學和諸子等等，都是確立新學術範式的努力。這一轉變，也標誌着中國學術界脱胎换骨，全面進入了現代，爲此後的學術發展奠定了堅實的基礎。當然，西方啓蒙運動以來，在「現代性」和「現代化」裏潛伏着的缺陷和謬誤也傳到了中國，這些不能不在前哲的著作裏留下痕迹。這並不奇怪。類似的情况，古往今來孰能免之？猶如今天的我們，誰敢自稱我之所見就是永恒的真理？在這個問題上兩個時代所異者，或許就在昔時大家創立新説或譯註西學著作，往往是懷着對學術和前哲的敬畏而爲之，故而常常誤不在我；當今則往往出於對學問和他人的輕蔑，或以所研究的對象爲謀己的工具，因而難辭主觀之咎吧。翻閲他們的心血之作，這些復雜的狀況可以顯見，可以視之爲我們的一面鏡子。

滄海桑田，世事變幻，歷史的動盪和時代的遮蔽，使當年許多大師的一些極有價值的學術著作被棄於故紙堆中，不能不令人有遺珠之憾。爲此，山西人民出版社不惜以數年之艱辛，披沙瀝金，編輯出版這套近代名家散佚學術著作叢刊，凡一百二十册，計文學、史學、政治與法律、美學與文藝理論、民族風俗、宗教與哲學、經濟、語言文獻共八大類別。所選皆爲作者之純學術著作，無論是其見解、精神，抑或是其時代烙印，都是後輩學人可資借鑒的寶貴財富。他們出版這套叢書，意在讓世人不忘來程，知篳路藍縷之不易，爲民族文化的傳承再增薪木。

出版社的初衷，與我近年來所思所慮近似，故願略述淺見於書端，以與策劃者、編輯者和讀者共勉。

二〇一四年七月六日

改定於自安東回京途中

前言

◇王繼軍

一切歷史都是當代史，人類歷史具有延續性，現實之中包含着歷史的因素，割不斷的傳統深刻地影響着當代社會；歷史可以從當代的角度去發現和解讀，當代所面臨的現實問題，促使我們去追尋它形成的根源，去叩問前人的智慧，以資借鑒。在平静緩慢、綿延不絶的歷史長河中，總有那麽一些波瀾壯闊、起伏跌宕的時期，它們所孕育的巨大轉折價值和意義深深地影響着後來者。近代中國社會經歷了亘古未有的大變革。就經濟而言，傳統的自然經濟結構受到衝擊，資本主義因素的工商業在經濟體係中佔據越來越重要的地位；在政治上，帝制衰敗，共和肇興；在法律方面，傳統的法律典章再也不能够適應富强、民主、自由、科學的社會需要，西法東漸，勢不可擋；在文化和學術上，東西文化的碰撞、交流與融合，使得發現新資料、運用新方法、創造新範式、提出新思想成爲可能。中國近百年的歷史可以説是一個從傳統社會轉向現代社會的歷史。

開放的思想是人類理性挑戰愚昧的鋭器，自由的學術是世界邁向理想社會的階梯。一代學人以他們廣博的學識、獨立的品格、創造的思維、勤奮的勞動，推出燦若繁星而又堅實厚重的學術成果，爲時代提供智慧的啓迪和思想的指引，以一種獨特的方式積極參與到社會變革的偉大歷史進程來。學術的力量是長久和巨大的，學者的貢獻是不應該被忘記的。

本叢刊政治與法律部分，輯録了于佑虞、聞亦博、曾松友、宋希庠、楊德森、常乃悳、瞿同祖、王振先、熊理、朱章寶、蔡樞衡、趙鳳喈、陳顧遠、郭箴一等名家散佚的論著，其中涉及社會形態、政治制度的歷史與學説、中國古代的倉儲、糧政、勸農、海關、婚姻等制度、婦女問題以及中國法律之精神與法律現象變遷等諸多方面的重要論題。這些論著具有資料豐富、考證翔實和「思他人所未思，言他人之未言」的共同特徵，又在方法、結構、風格方面展現出摇曳多姿的形態。有的長於叙事，爬梳整理，去僞存真，娓娓道來；有的善於思辨，歸納演繹，比較剖析，鞭辟入裏；有的體大思精，在宏大的架構中闡説精妙的見解；有的以小見大，於細微處見精神。這些論著無疑成爲中國學術史上的瑰寶。

閲讀是一種交流，研習先輩學人的著作，就仿佛與杰出的心靈展開了一場穿越時空的對話；閲讀是一種沉思，浸潤於那些深邃的思想裏，使我們得以忘却外部的喧囂與繁華；閲讀是一種旅行，我們汲取歷史的滋養，再向更遠處出發。

是爲序。

作者簡介

熊理，生平不詳。

尙書的政治學說目錄

尙書的政治學說

梅縣熊　理著

第一章　緒論

我們中國講政治的書，要算尙書最古了。——牠是把唐虞夏商周五朝官府的文告，——典，謨，訓，誥，誓，命。——和政治家的言論，編成的。四庫全書裏面，沒有一部講政治的書老得過牠，所以牠是中國講政治最古的書。不但這樣，我國的政治學說，都是散見在各書——他經，及子，史，文集——裏面，沒有一部專講政治原理的書。專講政治原理的，要算是這部書。（——周官也是講政治的書；但他所講的是制度，不是原理。）而且是不是完全後人所僞託，也很難說。——牠有這樣最老的，專著的資格，所以牠的權威最大，行運最久，自從唐虞夏商周起，一直到秦漢三國晉宋齊梁陳隋唐梁唐晉漢周宋元明清二十幾朝的政治家，都是奉牠做「金科玉律」。就是到了民國，搬進了許多西洋的政治學說，采了許多西洋的制度，但是實行的，仍是用牠作骨子，批評的，仍是用牠作標準。無論外國人講得天花亂墜的好制度，碰到牠，就是失敗，就要變質。牠的思想入於我國人的腦筋怎麼深，牠的權威在於我國怎樣大，所以我國的政治家，政論家，政治學者，都有了解牠的必要，都有研究牠的必要。

西洋政治學說，和中國政治學說，最大的分別；就是西洋所講的，是制度，是組織，——什麼國體上君主民主的分別，政體上專制共和的優劣，立法行政權力的伸縮，總統內閣制度的得失，都是靜的，屬法的。中國所講的是精一執中，是禮樂敎化，是德是仁，是敬是誠，都是動的，屬人的，道德的。簡單來說；西洋所講的，是法治，中國所講的，是人治。西洋所講的是制度，中國所講的是道德。中國儒家，最看不起法治。所謂「徒善不可以爲治，徒法不能以自行。」所謂「有治人，無治法，」所謂「文武之政，布在方策，其人存則其政舉，其人亡則其政怠。」就是表現這種思想的言論。而且推論法治的弊病，頌揚德治的利益，說：「道之以政，齊之以刑，民免而無恥。道之以德，齊之以禮，有恥且格。」這種思想，遺傳了數千年，普遍到各階級，成了風俗，所以數千年人民所希望的是聖君賢相，所注重的是禮樂教化。以重人治重道德的習俗，而采進重法治的學說，好像想把「方柄」套入「圓鑿」一樣怎麽難。所以無論總統制也好，內閣制也好，委員制也好，選舉制也好，一入中國，無不變樣，就是這個道理。

還有一箇分別，我們要曉得的。從前的人說：「古者左史記言，右史記事，言爲尙書，事爲春秋。」可見尙書是把當時政治家——君相——談論政治的說話，或實際應用的文告，記錄下來的。牠們都是實際政治家，他們所說的都是從實在社會經驗復經驗所得的結果，和西洋的政治學說，憑一個書生的腦筋，理想上想把社會國家，造到什麽樣式，把人民造到什麽田地，完全不同。簡單來說，西洋政治學說，是主觀的，理想的。中國政治學說，是客觀的，經驗的。惟其重客觀，重經驗，所以愛自然，愛中和，所以我國的國家社會，數千年以來，都是一樣，沒有什麽變動。惟其重主觀，重理想，所以愛人爲，愛極端，所以西洋的社會國家，變動很快，每一世紀，就面目改觀。西洋學說，實行起來，每於現在社會格格不相入，久而久之，始與他理想上的政治勉强相副。中國的學說，實行起來，與現在社會全相融和，沒有什麽困難，但是愈行愈久，腐敗愈生，結果就沒有進步而有退步。

明白上面所說不同的兩要點，纔可以了解我們中國的政治學說，纔可以研究「尙書。」但沒有研究以前，我要提前說明的，還有三件事。

第一：是我們研究尙書，與從前「治經」的目的不同。從前的「經生。」所研究的，是「今文」「古文」的眞僞，是「酒誥」「召誥」的脫簡，是「禹貢」山水，是「洪範」疇數，都與尙書本來面目沒有什麽相關。現在我們要研究的，是尙書本來面目，是牠所「道的政事，」目的既經不同，方法也自各別。

第二：尙書所紀的學說，以時間來講，是從唐虞到秦穆，有二千多年；從人來講，說話的，君則有堯舜禹湯大甲盤庚武成康平，臣則有臯陶，益稷五子胤侯仲虺伊尹傅說祖已祖伊微子箕子召奭周旦伯禽秦穆。夾七夾八，能否打成一片，作一種學說來看，不能不發生疑問。但是在我來看，都沒有什麼相干。因爲我們所注重的，是現在人民所受遺傳的政治思想。現在人民腦筋裏頭的政治理想，受尙書的學說很深，他們對於尙書上所載，不論什麼人所講的，都一律平等敬重，所以我也不妨對牠同一看待。而且尙書這一部書，經過孔子的删改，有沒有像「今文學家」所說：孔子「託古改制，」合於他理想的，就采取他，不合他理想的，就抹除牠，一回的事，也很難講。我看牠單采取魯國的費誓，穆公的秦誓，不及他國；單采平王的文侯之命，不及周宣的說話。就有幾分相信。所以說話的，雖有怎麼多人，我們只可當牠是孔子的「一家言」罷了。

第三：是今文尙書，和孔壁古文尙書，梅氏僞古文尙書，很多不同，能否一律看待？照伏生的今文尙書，止有堯典皐陶謨益稷禹貢甘誓湯誓盤庚高宗肜日西伯戡黎微子牧誓洪範金縢大誥康誥酒誥梓材召誥洛誥多士無逸君奭多方立政顧命呂刑文侯之命費誓秦誓二十九篇。照古文尙書，則區堯典爲堯舜二典，分盤庚爲三篇，抽顧命而成康王之誥，又增加了大禹謨五子之歌胤征仲虺之誥湯誓伊訓大甲上中下咸有一德武成旅獒微子之命蔡仲之命周官君陳畢命君牙冏命等二十九篇，照文句上面來看，很與今文尙書不同。所以「今文家」，都說牠是「僞書」。但是今文古文的分別，自鄭玄王肅以來，既經混合，至於僞古文尙書，現在亦爲一般人所傳誦。而且「人心惟危，道心惟微，惟精惟一，允執厥中，」諸論，出於僞書，千餘年來，既視爲政治上之格言。所以現在合眞僞今古文「一爐而治，」也沒有不可以的。

這三種說明過了，然後曉得我研究尙書的意思所在。今總括我這一篇緒論的意思，是說：——現在的人，對於尙書上的學說，是沒有今古文分別看待的；是沒有人的說話不同分別的；是「書以道政事，儒者不能異說」的；（四庫全書總目書類緒言）所以我合攏來，作爲一種學說來研究。尙書上的學說，是人治的，是德治的，所以我分爲治者，被治者，治道，三部分來研究。尙書上的學說，是最古的，專著的，威權最大最久的，所以我特別提出來研究。

第二章　治者

大地上面，生了一大羣的人民，共同生活，大家安樂底過日子，豈不是好嗎？爲什麼要有一般管理的「治者」，來拘束着呢！據仲虺之誥說：

惟天生民有欲，無主乃亂。

照他的意思，是說：一羣人衆，聚居着，箇箇都要食，要穿，要避風雨寒暑燥濕，要性交。所以都有要求食料，衣服，住居，男女，的欲望。人人都有同一的欲望，同一的要求，但是所欲望的東西，所要求的物件，是有限的，你要，他又要，我多要，他又要更多。如此，就要相爭。相爭起來，就要大亂。所以不能不有箇「主」，來管理他，來支配他。

這箇管理的「主」，就是「治者。」書稱爲「君」，或稱「后」，或作「辟」。呂刑上就開始稱他爲「皇帝」。一箇君，管不了許多，所以又設了許多的「職員」，來幫助他管理。這般職員，就是「百揆」，「四岳」，「十二牧」，「三公」，「六卿」，「大夫」，「師長」。但是這一般的治者，什麼人要他的？什麼人委任他的？上古的人，智識未開，莫名其妙，止可說是天。或是做治者的，狡猾些，故神其說，增重自己的身分，說他是天要他的，天委任他的。他是天的驕子，是百姓的父母。天因爲要管理人民，所以設君主，君主一箇人治不了，所以設許多職員。尚書上設治者的學說，就是這樣。請看看

說命中說：「嗚呼！明王奉若天道，設邦設都，樹后王君公，承以大夫師長

，不惟逸豫，惟以亂民。」

泰誓上又說：「天祐下民，作之君，作之師，惟其克相上帝，寵綏四方。」

「惟天惠民，惟辟奉天。」

「元后，作民父母。」

洪範說：「天子作民父母，以爲天下王。」

有了君來管理，所以人民可以不爭，可以安樂生活。但是君民的關繫，是很密切的。有民沒有君，固然要亂，若是君不顧民呢？那「君」，「后」，「辟」，就做不成了！所以

大甲中說：「民非后罔克胥匡以生，后非民罔以辟四方。」

大禹謨說：「可愛非君，可畏非民。衆非元后何戴！后非衆罔與守邦！」

但是，當時的情形，很要有人管理，很要管理的人好。所以

大甲下說：「一人元良，萬邦以貞。」

呂刑說：「一人有慶，兆民賴之。」

秦誓說：「邦之杌隉，曰，由一人，邦之榮懷，亦尙一人之慶。」

管理的人，既然怎麽重要，但是那一種人可以做呢？

泰誓上說：「惟天地萬物父母，惟人萬物之靈。亶（誠實無妄）聰明，作元后。」

仲虺之誥說：「惟天生聰明時乂。」

照這樣講來，凡是天性聰明，無待勉强的人，就可以作治者了。但是尙書上說治者必具的條件很多，决沒有這樣簡單。現在我分治者爲「首領」，「爲職員」。他的條件，有「德」有「才」，來講，述在下面：

甲　首領

一　首領的道德

治者的首領，是君。爲君的要件，第一要有德。有德的人，人民就愛他，國就要興盛；沒有德的人，人就不要他，國就滅亡。尚書上對於這件事，很注重。

堯典說：「克明俊德。」

大禹謨說：「惟德動天，無遠弗屆。」

五子之歌說：「弗慎厥德，天命可追。」

大甲中說：「伊尹拜手稽首曰，「修厥身，允德協於下，惟明后。……王懋乃德，無時豫怠。」

大甲下說：「德惟治，否德亂。與治同道，罔不興；與亂同事，罔不亡。」

咸有一德說：「天難諶，命靡常，常厥德，保厥德，厥德匪常，九有以亡。」

又說：「德惟一，動罔不吉。德二三，動罔不凶。」

又說：「非天私我有商，惟天佑於一德。非商求於下民，惟民歸於一德。」

仲虺之誥說：「德日新，萬邦惟懷。志自滿，九族乃離。」

君陳說：我聞曰，「至治馨香，感於神明。黍稷非馨，明德惟馨。」

康誥說：「惟乃丕顯考文王，克明德愼罰。」

多方說：「皇天無親，惟德是輔。」

德既然這樣重要，但是德是什麼意思呢？照尙書上看來，凡是藏在人身品性上好的，就叫做德。由此好品性做出來的好事，就叫做善。善是德的表現，所以善與德，常並言，都一樣重要。

咸有一德說：「德無常師，主善爲師，善無常主，協於克一。」

伊訓說：「作善降之百祥，作不善降之百殃。爾惟德罔小，萬邦惟慶；爾惟不德罔大，墜厥宗。」

湯誓說：「大道福善禍淫。」

泰誓中說：「我聞吉人爲善，惟日不足；凶人爲不善，亦惟日不足。」

多方說：「爲善不同，同歸於治；爲惡不同，同歸於亂。」

德的一字，是抽象的名詞。雖說得緊要，但是具體的東西，是什麼？若不講明，很不易懂。據我看來，尚書上所說爲君的德，有積極應具的德目，有消極應排除的不德事件。積極的德目，有二十三件，條列在下：

一、聽・

大甲中說：「聽德惟聰。」

舜典說：「詢於四岳，明四目，達四聰。」

泰誓上說：「亶聰明，作元后。」

二、明・

大甲中說：「視遠惟明。」

伊訓說：「居上克明。」

堯典說：「欽明文思安安。」

又說：「濬哲文明。」

「帝曰，「疇咨若時登庸。」放齊曰：「胤子朱啓明。」

可見一明字，就可以做首領。

三、中・

大禹謨說：「允執厥中。」

仲虺之誥說：「建中於民。」

蔡仲之命說：「率自中。」

四、仁・

大甲下說：「民罔常懷，懷於有仁。」

仲虺之誥說：「克寬克仁，彰信兆民。」

五、義・

仲虺之誥說：「以義制事。」

皐陶謨說：「彊而義。」

六、恭・

大甲中說：「接下思恭。」

舜典說：「溫恭克塞。」

皐陶謨說：「愿而恭。」

皐陶謨說：「亂而敬。」

七、敬・

大甲下說：「惟天無親，克敬惟親。」

多士說：「爾不克敬，爾不啻不有爾土，予亦致天之罰於爾躬。」

恭與敬的分別，據書正義說：「恭在貌，敬在心。」

八、謙。

大禹謨說：「滿招損，謙受益。」

仲虺之誥說：「志自滿，九族乃離。」

九、讓。

堯典說：「允恭克讓。」

十、寬。

皐陶謨說：「寬而栗。」

仲虺之誥說：「克寬克仁。」

伊訓說：「惟我商王，克布聖武，代虐以寬，兆民允懷。」

微子之命說：「撫民以寬，除其邪虐。」

十一、直。

皐陶謨說：「直而溫。」

洪範說：「六，三德，一曰正直。」

十二、誠。

大甲下說：「鬼神無常享，享於克誠。」

大禹謨說：「至誠感神。」

十三、毅。

皋陶謨說：「擾而毅。」

十四、剛。

皋陶謨說：「剛而塞。」

舜典說：「剛而無虐。」

洪範說：「二曰剛克，……平康正直，彊弗友，剛克。……沈潛剛克。」

十五、柔。

皋陶謨說：「柔而立。」

洪範說：「三曰柔克。……燮友柔克，……高明柔克。」

十六、簡。

皋陶謨說：「簡而廉。」

舜典說：「簡而無傲。」

十七、儉。

大甲上說：「愼乃儉德，惟懷永圖。」

旅獒說：「夙夜罔或不勤，不矜細行，終累大德。」

十八、勤。

大禹謨說：「無敎逸欲，有邦。兢兢業業，一日二日萬幾。」

又說：「汝惟不怠，揔朕師。」

十九，孝。

大甲中說：「奉先思孝。」

堯典說：「……克諧以孝，烝烝乂，不格姦。」

二十，禮。

仲虺之誥說：「以禮制心。」

二一，有常。

皐陶謨「皐陶曰，彰厥有常。」

二二，從諫。

大禹謨說：「稽於衆，舍己從人。」

說命上說：「說復於王曰，惟木從繩則正，后從諫則聖。」

仲虺之誥說：「能自得師者王，謂人莫己若者亡，好問則裕，自用則小。」

伊訓說：「從諫弗咈。……與人不求備，檢身若不及。」

大甲下說：「有言逆於汝心，必求諸道：有言遜於汝志，必求諸非道。」

二三，改過・　仲虺之誥說：「用人惟己，改過不吝。」

王伯厚說：「舜，臯陶，曰欽，曰中。蘇公曰敬，曰中。此心法之要也。呂刑言敬者七，言中者十，所謂惟克天德者，在此二字。」這樣看來，二十三種德目中，又以中敬二字爲主要了。以「敬」爲主，所以現出外貌的，就是「恭」；藏在內面的，就是「誠」；行爲方面，就是「禮」；禮的表現，就是謙，就是「讓」；對於親，就是「孝」；對於人，就是「仁」；對於政事，就是「勤」；是「儉」；是「從諫」；是「改過」。以中爲主，所以寬中要帶栗；直中要帶溫；剛中要帶塞要無虐；柔中要帶立；簡中要帶廉；彊中要帶義；總要不要大過。就是亂能彀敬；愿能彀恭；擾能彀毅；便好。總要不要不及。人沒有大過，又沒有不及，這就是中庸的德。能彀識得這箇中庸的德，這人便是聰是明。由這樣看來，這二十三種德目中，可以「中」「敬」兩個字包括了。

消極的，應排除的，不德事件，亦有八種。「第一」要緊要排除的，是一箇人耳，目，口，腹，身體，的嗜欲。耳好音聲，目好五色，口腹好酒食，身體好逸豫怠荒。雕牆峻宇，歌舞遊畋，女色頑童。這等嗜欲，一有沾染，對於政事，必沒有工夫去打理。對於貨財女色，必向人民苛取，結果必使人民怨恨，國家滅亡。所以書經裏頭，特別注重，特別說得多。現在摘錄在下面，可以曉得他的重要。

罔違道以干百姓之譽，罔咈百姓以從己之欲。——大禹謨

無怠無荒，四夷來王。——同上

益曰：「吁！戒哉！儆戒無虞，罔失法度，罔遊於逸，罔淫於樂。」——同上

無若丹朱傲，惟慢遊是好，……罔晝夜額額，罔水行舟，朋淫於家，用殄厥世。」——同上

無康好逸豫，乃其乂民。——康誥

不邇聲色，不殖貨利。——伊訓

無教逸欲有邦。——皐陶謨

內作色荒，外作禽荒，甘酒嗜音，峻宇雕牆，有一於此，未或不亡。——五子之歌

不役耳目，百度惟貞。——旅獒

玩人喪德，玩物喪志。——旅獒

不作無益害有益，功乃成。不貴異物賤用物，民乃足。——同上

大康尸位，以逸豫滅厥德，黎民咸貳。乃盤遊無度，畋於有洛之表，十旬弗反。有窮后羿，因民弗忍，拒於河。——五子之歌

羲和廢厥職，酒荒於厥邑。胤后，承王命徂征。——胤征

惟時羲和顚覆厥德，沈亂於酒，畔官離次。——同上

欲敗度，縱敗禮，以速戾於厥躬。——大甲中

不惟逸豫，惟以亂民。——說命中

非先王不相我后人，惟王淫戲用自絕。——西伯戡黎

我用沈酗於酒，用亂敗德於下。——同上

今商王受，……沈湎冒色，……惟宮室臺榭陂池侈服，以殘害於爾萬姓。
——泰誓上

今商王受，力行無度，……淫酗肆虐，……——泰誓中

今商王受，狎侮五常，荒怠弗敬。……作奇技淫巧，以悅婦人——泰誓下

不寶遠物，則遠人格。——旅獒

周公曰：「君子所其無逸，先知稼穡之艱難，乃逸。」——無逸

昔在殷王中宗，嚴恭寅畏，天命自度，治民祗懼，不敢荒寧。——同上

文王不敢盤於遊畋。——同上

周公曰：「嗚呼！繼自今嗣王，則其無淫於觀，于逸于田。」——無逸

第二要不得的，要排除的，是暴虐。

泰誓上說：「今商王受，……敢行暴虐。」

泰誓中說：「惟受罪浮於桀，……謂暴無傷。」

泰誓下說：「作威殺戮，毒痛四海。」

大禹謨說：「不虐無告，不廢困窮。」

呂刑說：「無虐煢獨。」

第三要不得的，要排除的，是傲。丹朱雖然人很聰明，（胤子朱啓明）有爲首領的資格，就是犯了這一箇字，送了天下。

益稷說：「無若丹朱傲。」

盤庚上說：「汝猷黜乃心，無傲從康。」

第四要不得的，要排除的，是辯。丹朱失天下，也就犯着這箇毛病。

大甲下說，「君罔以辯言亂舊政。」

大禹謨說：「惟口出好興戎。」

堯典上說：「放齊曰：胤子朱啓明。」帝曰：「吁！嚚訟可乎？」

說命中說：「惟口起羞，惟甲冑起戎，惟衣裳在笥，惟干戈省厥躬。」

第五要不得的，要排除的，是寵。

說命中說：「無啓寵納侮。」

牧誓說：「古人有言曰：「牝鷄無晨，牝鷄之晨，惟家之索。」今商王受，惟婦言是用。」

第六要不得的，要排除的，是「狎侮」。

旅獒說：「德盛不狎侮。狎侮君子，罔以盡其心；狎侮小人，罔以盡其力。」

大甲上說：「予弗狎于弗順。」

康誥說：「不敢侮鰥寡。」

第七要不得的，要排除的，是「自用」。

洪範說：「汝則有大疑，謀及乃心，謀及卿士，謀及庶人，謀及卜筮。」

君陳說：「圖厥政，莫或不艱，有廢有興，出入自爾師虞，庶言同則繹。」

大禹謨說：「稽於衆，舍己從人。」

第八要不得的，要排除的是「恥過。」

說命中說：「無恥過作非」，

做治者的人，對於這八種要不得的，要排除淨盡，自然感覺得不快活。又要再加上二十三種積極上的道德，自然辛苦，自然不容易做。但是你若要做治者，自然要耐着這箇苦，而且要始終一樣。

大禹謨說：「后克艱厥后，臣克艱厥臣，政乃乂，黎民敏德。」

大甲下說：「無輕民事，惟難；無安厥位，惟危；愼終於始。」

仲虺之誥說：「愼厥終，惟其始」。

君奭說：「亦罔不能厥初，惟其終。」

蔡仲之命說：「愼厥初，惟厥終，終以不困。不惟厥終，終以困窮」。

人若是能體這箇意思，自是一箇好首領，不然是一箇壞東西。所以

多方說：「惟聖罔念作狂，惟狂克念作聖」。

二，首領的才幹

做治者首領的「君」，是幹什麽事的呢？大約不過兩種：第一，是用人。第二，是行政。用人要有知人的才幹；行政要有安民的才幹；這兩種並不是容易的事情。能彀辦得到，就是一箇頂好的首領。所以

皐陶謨說：「皐陶曰：「在知人，在安民。」禹曰：「吁！咸是時！惟帝其難之！知人則哲，能官人；安民則惠，黎民懷之；能哲而惠，何憂乎驩兜，何遷乎有苗，何畏乎巧言令色孔壬」。

用人行政兩件事，是做首領惟一的事幹。但是行政不是一箇君主能彀去計劃，能夠去實行。仍舊要靠一般辦事的人——「臣」，——去做。辦事的人，若是得人，他的行政，自然能得到好結果。若是不得人呢！就是有很好的政事，也要被他弄壞，也不能實行；那不高明的政事，更不要說了。所以歸結起來，還是用人緊要。做首領的才幹，還是知人要緊。所以下面，單就用人方面去講。至于行政，

多由職員去實行，所以讓在「職員的才幹」和「被治者」二篇內去講。

一箇首領，要管怎麽多的人民，怎麽闊的土地，怎麽繁難的事情，自然耳目心思手足，都不夠。全靠很多職員的耳目心思手足，來帮助他，來替他辦。所以

益稷說：帝曰：「吁！臣哉！隣哉臣哉！」禹曰：「俞！」帝曰：「臣作朕股肱耳目，予欲左右有民，汝翼！予欲宣力四方，汝爲！予欲觀古人之象，日月星辰，山龍華蟲，作會，宗彝藻火，粉米黼黻絺繡，以五彩彰施于五色作服，汝明！予欲聞六律五聲八音，在治忽，出納五音，汝聽」！

說命上說：「若金，用汝作礪；若濟巨川，用汝作舟楫；若歲大旱，用汝作霖雨；啓乃心，沃朕心」。

說命下說：「爾惟訓朕於志；若作酒醴，汝爲麴糵；若作和羹，爾爲鹽梅；爾交脩予，罔予棄，惟克邃乃訓。」

首領不惟要職員替他辦事，而且分工作於職員後，他再不替職員去辦。

立政說：「文王罔攸兼庶于言，庶獄，庶慎，惟有司之牧夫，是訓是違」，

又說：「庶獄庶慎，文王罔敢知于茲」。

首領既然把所有行政，都交他的職員去辦，他的職務，惟一在于用人；他的才幹，惟一在于知人。但是那一種人，他可以用呢？據尚書上看起來，有四種人可用；有兩種人，不可用。那四種人可用呢？

第一，要有賢德的人，

咸有一德說：「任官惟賢才，左右惟其人。」

武成說：「建官惟賢。」

大禹謨說：「帝曰，「俞，允若茲，嘉言罔攸伏，野無遺賢，萬邦咸甯。」

大禹謨又說：「益曰「任賢勿貳」，

皐陶謨說：「日宣三德，夙夜浚明，有家；（大夫）曰嚴祇敬六德，亮采

，有邦；（諸侯）翕受敷施，九德咸事，百僚師師，百工惟時，撫于五辰，庶績其凝」。

泰誓中說：「雖有周親，不如仁人」。

大禹謨說：「禹誓于師曰，「蠢茲有苗……君子在野。」

立政說：「後王立政，其惟克用常人」。

說命下說：「惟后非賢不乂，惟賢非后不食」。

又說：「股肱惟人，良臣惟聖」。

又說：「旁招俊乂，列于庶位」。

伊訓說：「敷求哲人，俾輔于爾後嗣。」

大甲上說：「伊尹乃言曰，「先王昧爽丕顯，坐以待旦，旁求俊彥」。

泰誓上說：「今商王受……焚炙忠良。……」

泰誓中說：「惟受罪浮于桀，剝喪元良，賊虐諫輔。」

說命中說：「爵罔及惡德，惟其賢」。

旅獒說：「所寶惟賢，則邇人安」。

第二，要有才能的人。

周官說：「推賢讓能，庶官乃和，不和，政龐。舉能其官，惟爾之能。稱非其人，惟爾不任。」

武成說：「任事惟能。」

說命中說：「官不及私呢，惟其能」。

第三，要有經驗老成的人。

盤庚上說：「遲任有言曰，「人惟求舊，器非求舊惟新」。

泰誓說：「惟古之謀人，則日未就予忌；惟今之謀人，姑將以爲親；雖則云然，尚猷詢茲黃髮，則罔所愆」。

微子說：「咈其耇長，舊有位人」

泰誓下說：「今商王受，……播棄黎老，昵比罪人」。

召誥說：「今冲子嗣，則無遺壽耇，曰：其稽我古人之德，矧日其有能稽謀自天。」

第四，要有學識的人。

周官說：「學古入官，議事以制，政乃不迷。其爾典常作之師」。

周官又說：「不學墻面，涖事惟煩」。

那兩種人不可用呢？

第一，是巧言令色，便辟側媚的邪人。

大禹謨說：「去邪勿疑」。

冏命說：「愼厥乃僚，無以巧言令色，便辟，側媚，其惟吉士」。

又說：「爾無昵于憸人，充耳目之官，迪上以非先王之典」。

大禹謨說：「蠢茲有苗，……小人在位。」

泰誓下說：「今商王受，……崇信姦回，放黜師保」。

第二，是私人。

說命中說：「惟治亂在庶官，官不及私呢，惟其能」。

首領能夠用得上四種好人，政事固然辦得好；而且首領有不好的地方，也能夠糾正，能夠匡救。若是不能用得好人，而且用那兩種壞人呢！政事固然辦不好；而且好的首領亦要被他帶壞了！所以

說命中說：「朝夕納誨，以輔台德……惟暨乃僚，罔不同心，以匡厥辟」。

冏命說：「惟予一人無良，實賴左右前後有位之士，匡其不及，繩愆糾謬，格其非心，俾克紹先烈。」

又說：「僕臣正，厥后克正。僕臣諛，厥后自聖。后德惟臣，不德惟臣。」

益稷說：「帝庸作歌曰，……乃歌曰：「股肱喜哉！元首起哉！百工熙哉

！……乃賡歌曰：「元首明哉！股肱良哉！庶事康哉！」又歌曰：「元首叢脞哉，股肱惰哉！萬事墮哉！」

又說：「禹曰，「都！帝！愼乃在位，安汝止，惟幾惟康，其弼直，惟動丕應徯志。以昭受上帝，天其申命用休」。

職員既然這樣重要，所以知人要緊。

怎麼法子去知他呢？大約初用他的時候，要聽他的言論，看他的做事。

益稷說：「禹曰：「惟帝時舉！敷納以言，明庶以功，車服以庸，誰敢不讓，誰不敬應。」

舜典說：「格爾舜，乃言底可績。」

王伯厚說：「九德知人之法，三俊用人之法。」什麼是九德呢？

皋陶謨說：「皋陶曰：「都！亦行有九德！」乃言曰：「載采采。」禹曰：「何！」皋陶曰：「寬而栗，柔而立，愿而恭，亂而敬，擾而毅，直而溫，簡而廉，剛而塞，彊而毅，彰厥有常，吉哉！」

什麼是三俊呢？

立政說：「克明三宅三俊。」註謂：「三宅，謂居常伯，（牧民之長）常任，（任事之公卿）準人（有守法之有司）之位者；三俊，謂有常伯，常任，準人之才者。」

既用了以後，又要時時考察他。若是有德有才的，就要進他的官，賞他的功；若是沒有才德的人，抑或是庶頑讒說，昏暴昧亂，便辟側媚，冒疾，種種不好的人，就要責罰他，不用他。

堯典說：「明明，揚側陋。」

君陳說：「簡厥脩，亦簡其或不脩；進厥良，以率其或不良。」

洛誥說：「汝其敬識百辟享，亦識其或不享。享多儀，儀不及物，惟曰不享，惟不役志于享，凡民惟曰不享，惟事其爽侮。」

仲虺之誥說：「德懋懋官，功懋懋賞。」

又說：「佑賢輔德，顯忠遂良，兼弱攻昧，取亂侮亡，推亡固存，邦乃其昌。」

又說：「殖有禮，覆昏暴。」

益稷說：「庶頑讒說，若不在時，侯以明之，撻以記之，書用識哉！欲並生哉！工以納言，時而颺之，格，則承之庸之。」

湯誥說「爾有善，朕弗敢蔽。」

秦誓說：「昧昧我思之，如有一介臣，斷斷猗，無他技，其心休休焉，其如有容焉，人之有技，若己有之，人之彥聖，其心好之，不啻如自其口出，是能容之，以保我子孫黎元，亦職有利哉！」

又說：「人之有技，冒疾以惡之；人之彥聖，而違之，俾不達；是不能容，以不能保我子孫黎民，亦曰殆哉！」

盤庚上說：「無有遠邇，用罪伐厥死，用德彰厥善。」

用人最大的毛病，就是受賄任用。

冏命說：「非人其吉，惟貨其吉，若時瘝厥官，惟爾大弗克祇厥辟，惟予汝辜。」

考察這一般臣工，幾多時一次呢？大約內官三年，外官五六年一次。

舜典說：「三載考績，三考黜陟幽明，庶績咸熙，分北三苗。」

又說：「五載一巡狩，羣后四朝，敷奏以言，明試以功，車服以庸。」

周官說：「六年五服一朝；又六年王乃時巡，考制度于四岳，諸侯各朝于方岳，大明黜陟。」

乙　職員

一、職員的道德

上面所講選擇職員的法子，要有賢德，有才能，有經驗，有學識的人，才可以用。但是這四者中間，仍以有賢德的人要緊。因爲徒有才能，經驗，學識，沒有賢德，還要作弊。或者愈有才能，經驗，學識的人，作弊愈要利害。所以還是道德最重。但是德的一字，是一個抽象的名詞，牠積極的德目，與及消極的要件，是什麼呢？據尙書上看來，也有幾種。

第一、積極的德目。做職員的積極德目，與做首領的積極德目，大抵看來，也沒有多大不同的地方。不過他一方既要做首領的下屬，一方又要做人民的上官，屬于後者，自然和首領的德目差不多；屬于前者，自有特別不同的地方。現在把牠特別的，寫在下面。

一、忠。　伊訓說：「爲下克忠。」

蔡仲之命說「爾尙蓋前人之愆，惟忠惟孝。」

二、孝恭。　君陳說：「王若曰，「君陳，惟爾德孝恭！惟孝友于兄弟，克施有政。」

大甲中說：「奉先思孝，接下思恭。」

說命中說：「惟臣欽若，惟民從乂」

胤征說：「每歲仲春，遒人以木鐸徇于路，官師相規，工執藝事以諫。其或不恭，邦有常刑。」

三、忍容·

君陳說：「必有忍，其乃有濟；有容，德乃大。」

四、聰明·

大甲中說：「視遠惟明，聽德惟聰。」

五、勤儉·

大禹謨說：「帝曰，來！禹！洚水儆予，成允成功。惟爾賢，克勤于邦，克儉于家，不自滿假。」

蔡仲之命說：「克勤無怠。」

周官說：「功崇惟志，業廣惟勤。惟克果斷，乃罔後艱。」

大甲下說：「弗慮胡獲，弗爲胡成。」

第二、消極要排除的，不德事件。消極要排除的不德事件，職員和首領，就大大不同了。首領的任務，多在用人方面。止要把好娛樂寵奸的嗜欲，暴虐傲辯的習氣，糾正了，就好了。至于職員呢！他的任務，多在于行政，一有不當，直接受其害的，在老百姓；間接受其害的，就在國家。而且他仍要用人幫助，仍要對付他的上官。他照應的方面特別多，他要犯的毛病，也特別多。對首領，則有讒，有僞，有矜。對一己的職務，就有荒，有怠，有驕，有侈，有私，有恥過。對行政，有疑，有姦。對人民又要作威，作福，起傲，起貪，壅隔民情。現把牠寫在下面。

一、讒。

舜典說：「帝曰，龍！朕堲讒說殄行，震驚朕師。」

益稷說：「庶頑讒說，若不在時，候以明之，撻以記之。」

二、僞。

堯典說：「靜言庸違，象恭滔天，……方命圮族。……」

周官說：「無載爾僞，……作僞心勞，日拙。」

三、寵。

大甲下說：「臣罔以寵利居成功。」

說命下說：「無啓寵納侮。」

君陳說：「居寵思危。」

四、矜。

皐陶謨說「惟汝賢。汝惟不矜，天下莫與汝爭能；汝惟不伐，天下莫與汝爭功。」

說命中說：「有其善，喪厥善；矜其能，喪厥功。」

五、荒。

伊訓說：「……巫風，……淫風，……亂風。惟茲三風十愆，卿士有一於身家必喪，邦君有一於身國必亡。」

六、怠。

周官說：「無以利口亂厥官，……怠忽荒政。」

畢命說：「政貴有恆。」

七、驕侈。

周官說：「位不期驕，祿不期侈。」

八、私。

盤庚上說：「汝猷黜乃心。」（註謂謀去汝之私心也）

九、恥過。

說命中說：「無恥過作非。」

十、疑。周官說：「蓄疑敗謀。」

大禹謨說：「疑謀勿成，百志惟熙。」

十一、姦宄。微子說：「殷罔不小大，好草竊姦宄，卿士師師非度，凡有辜罪，乃罔恆獲。」

十二、威福。洪範說：「惟辟作福，惟辟作威，惟辟玉食。臣無有作福，作威，玉食。臣之有作福，作威，玉食，其害於而家，凶于而國。」

君陳說：「無倚勢作威，無倚法以削，寬而有制，從容以和。」

盤庚說：「汝無侮老成人，無弱孤有幼。」

十三、傲。盤庚說：「汝猷黜乃心，無傲從康。」

又說：「汝克黜乃心，實施德于民。」

十四、貪。盤庚下說：「無總于貨寶，生生自庸。」

十五、壅隔· 盤庚上說：「無或敢伏小人之攸箴。」

二、職員的才幹

上面所講擇人的標準，第一要緊，自是賢德。此外，就是才能，經驗，學識，三樣。但是這三樣當中，「學識」，「經驗」，兩項，都是用來幫助「才能」去幹事的。所以可以包括在才幹方面去講。

什麼是職員的才幹呢？大約係職員對于他的職務，能夠辨得了，便是他的才幹。能選擇這種人才的人，便是有知人之明。

胤征說：「臣人克有常憲，百官修輔，厥后惟明明。」

臯陶謨說：「欽哉！愼乃有位！敬修其可願。」

但是怎麼法子，才能辨得職務了呢？大約，要盡心。

其次要盡力。

畢命說：「罔曰弗克，惟既厥心；罔曰民寡，惟既厥事。」

盤庚中說：「若不畏戎毒于遠邇，惰農自安，不昏不勞，不服田畝，越罔有黍稷。」

盡心就要深思先慮，作事前的準備。

說命中說：「慮善以動，動惟厥時。」

又說：「惟事事乃有備，有備無患。」

大甲下說：「弗慮胡獲。」

盡力，就要不怕難。

說命中說：「說拜稽首曰：「非知之艱，行之維艱，王忱不艱，允協于先王成德。」

大甲下說：「弗爲胡成。」

但是職員的職務，是什麽呢？簡括來講，有對上的，有對下的。

咸有一德說：「臣爲上爲德，爲下爲民，其難其愼，惟和惟一。」

爲上爲德，具體說來，要怎麽樣呢？據尙書上看來，要暗中幫助首領所不及。不要口是心非，又不要宣揚自己的條陳。

益稷說：「予違汝弼，汝無面從，退有後言，欽四鄰。」

君陳說：「爾有嘉謀嘉猷，則入告爾后于內，爾乃順之于外，曰斯謀斯猷，惟我后之德。」

爲下爲民，又要怎麽樣呢？據尙書上看來，第一，要以身作則，命令從己所好，始有効力。

君陳說：「惟民生厚，因物有遷，違上所命，從厥攸好，爾克敬典在德，時乃罔不變，允時於大猷。」

第二要守法、

說命下說：「監于先王成憲，其永無愆。」

君牙說：「乃惟由舊典時式，民之治亂在玆。」

湯誓說：「凡我造邦，無從匪彝，(法)無卽慆淫，各守爾典，以承天休。」

說命下說：「人求多聞，時惟建事，學于古訓，乃有獲。事不師古，以求永世，匪說攸聞。」

蔡仲之命說：「無作聰明亂舊章。」

但是職員的任務，還是在「安民」，「養民」，方面。現在另闢一篇「被治者」來講。

第三章　被治者

人羣區分爲「治者」「被治者」二部分，不過便利上說的。實在呢，都是平等的同羣。不過對于國家的任務不同罷了！而且治者一部分完全是爲多數人羣——被治者——的利益設的。就是設立國家，也是爲被治者——民——的利益。所以被治者，——人民，——是國本。治者，就可以說是國末。

五子之歌說：「民爲邦本，本固邦甯。」

被治者，——民，——既然是國本，治者對之，自要尊重他，不要本末倒置，重己輕人，所以

咸有一德說：「后非民罔使，民非后罔事，無自廣以狹人，匹夫匹婦不獲自盡，民主罔與成厥功。」

然而治者很容易錯誤，以爲己獨尊貴，爲天之驕子，看不起人民，任意妄爲；所以上古有智識的人，就拿他說的天——謂爲委他做治者的，——來壓伏他，來恐嚇他，說：天所愛的，是民，天的聰明視聽，都由人民表現，

泰誓上說：「天矜于民，民之所欲，天必從之。」

泰誓中說：「惟天惠民，惟辟奉天。」

又說：「天視自我民視，天聽自我民聽。」

皐陶謨說：「天聰明，自我民聰明，天明畏，自我民明威，達于上下，敬哉有土。」

無逸說：「昔在殷王中宗，嚴恭寅畏，天命自度，治民祗懼，不敢荒甯。」

人民所表現的意思，就是天的意思；人民的好惡，就是天的好惡。人民的好惡，是什麼呢？具體說來，好的是要有實惠。

蔡仲之命說：「皇天無親，惟德是輔；民心無常，惟惠之懷。」

惡的是虐他。

泰誓下說：「古人有言曰，撫我則后，虐我則讎。」

湯誥說：「夏王滅德作威，以敷虐于爾萬方百姓。」

武成說：「今商王受，……害虐蒸民，爲天下逋逃主。」

治者若是沒有實惠，或是虐他，他就怨恨他。怨恨起來，治者的地位，就不能保。

五子之歌說：「予視天下愚夫愚婦，一能勝予。一人三失，怨豈在明。

不見是圖，予臨兆民，懔乎若朽索之馭六馬；爲人上者，奈何不敬！」

康誥說：「王曰：「嗚呼！小子封！恫瘝乃身，敬哉！天畏棐忱，民情大可見，小人難保，往盡乃心！無康逸豫，乃其乂民。」

又說：「怨不在大，亦不在小，惠不惠，懋不懋。」

無逸說：「厥或告之曰，小人怨汝詈汝，則皇自敬德。厥愆，曰朕之愆。允若時，不啻不敢含怒。此厥不德，乃或壽張爲幻，曰，小人怨汝詈汝，則信之，則若時，不永念厥辟，不寬綽厥心，亂罰無罪，殺無辜，怨有同，是叢于厥身。」

人民的意思好惡，這樣利害，所以做治者的，最緊要，要看老百姓的面色。

酒誥說：「古人有言曰，「人無以水監，當以民監。」

其次就要極細心——專精一意，不偏不倚，——去治。

大禹謨說：「人心惟危，道心惟微，惟精惟一，允執厥中。」宋儒解此，謂：「發于形氣者而言，謂之人心；發于義理者而言，謂之道心：人心易私而難公，故危；道心難明而易昧，故微，惟能精以察之，而不雜形氣之私，一以守之，而純乎義理之正。道心常爲之主，而人心聽命焉，則危者安，微者著，動靜云爲，自無過不及之差，而信能執其中矣。」云云，以後世性理之說，强解古人，未見其當。鄙意。「道，即「道千乘之國」之道，治也。人心，指「被治者」之心而言。道心，指「治者」之心而言。微，即細微之微。精一執中，即微之註釋也。」

怎麽樣去治呢？第一要愛民。反過來說，就是不要虐民殘民。

洪範說：「無虐煢獨，而畏高明。」

伊訓說：「惟我商王，克布聖武，代虐以寬，兆民允懷。」

君陳說：「爾無忿疾于頑，無求備于一夫。」

泰誓上說：「今商王受，……降災下民，……刳剔孕婦。……」

武成說：「今商王受，……虐害烝民，為天下逋逃主。……」

第二要親民。

五子之歌說：「民可近，不可下。」

召誥說：「其丕能諴(和)于下民，今休。王不敢後用，顧畏乎民碞。」

盤庚說：「古有前后，罔不惟民之承，保后胥慼，鮮以不浮于天時。」

泰誓中說：「受有億兆夷人，離心離德；予有亂臣十人，同心同德。」

第三要養民。

臯陶謨說：「禹曰：「德惟善政，政在養民。水，火，金，木，土，穀，惟脩。正德，利用，厚生，惟和。」

說命下說：「一夫不獲，則曰時予之辜。」

太甲中說：「先王子惠困窮，民服厥命，罔有不悅，並其有邦厥鄰。」

益稷說：「……暨稷播奏庶艱食，懋遷有無化居，烝民乃粒，萬邦作乂。」

大禹謨說：「帝曰，「俞！地平天成，六府三事允治，萬世永賴，時乃功。」

又說：「四海困窮，天祿永終。」

舜典說：「咨！十有四牧！食哉！惟時。」

無逸說：「文王卑服，卽康功田功。」

畢命說：「資富能訓，惟以永年。」

第四要獎民善。

武成說：「惇信明義，崇德報功，垂拱而天下治。」

洪範說：「凡厥庶民，有猷，有爲，有守，汝則念之。不協于極，不罹以咎，皇則受之。而康而色，曰，予攸好德，汝則錫之福，時人斯其惟皇之極。」

又說：「人之有能，有爲，使羞其行，而邦其昌。凡厥正人，既富方穀，汝弗能使，有好于而家，時人斯其辜。予其無好德，汝雖錫之福，其作汝用咎。」

畢命說：「旌別淑慝，表厥里宅，彰善癉惡，樹之風聲。弗率訓典，殊厥井疆，俾克畏慕，申畫郊圻，愼固封守，以康四海。」

第五要去民惡。

洪範說：「凡厥庶民，無有淫朋，人無有比德，惟皇作極。」

舜典說：「咨！十有二牧！……而難任人，蠻夷率服。」

無逸說：「古人猶胥訓告，胥保惠，胥敎誨，民無或胥譸張爲幻。」

泰誓說：「樹德務滋，除惡務本。」

第六要正民情。

微子說：「小民方興，相爲敵讎。」

因爲這箇緣故，所以要設治者，治者就要正他，正的方法，當然正直不偏。

君牙說：「爾身克正，罔敢弗正，民心罔中，惟爾之中。」

洪範說：「無偏無陂，遵王之義；無有作好，遵王之道，無有作惡，遵王之路；無偏無黨，王道蕩蕩；無黨無偏，王道平平；無反無側，王道正直；會其有極，歸其有極。」

洪範說：「無虐煢獨，而畏高明。」

五子之歌說：「關石和鈞，王府則有。」

蔡仲之命說：「率自中。」

其次就要敎訓他。

洛誥說：「聽朕敎汝于棐民彝。汝乃是不蘉，乃時惟不永哉！」

畢命說：「我聞曰，『世祿之家，鮮克由禮，以蕩凌德，』實悖天道，敝化奢麗，萬世同流。」

但是敎的方法，在于敎育；正的方法，全靠法律；都是「治道」。請看看下章分解。

第四章 治道

治道動的方面，有三種：第一，用敎育來向人民前面引導。第二，用法律來向人民後面驅策。第三，用戰爭來向人民上面壓伏。靜的方面，就有官制。現在分別來講。

甲 敎育

書經上的敎育學說，是由近及遠，由己及人，由貴及賤，以身作則的。

堯典說：「克明俊德，以親九族；九族既睦，平章百姓。百姓昭明，協和萬邦，黎民於變時雍。」

又說：「皋陶曰：「都！愼厥身脩思永，敦敘九族，庶民勵翼，邇可遠，在茲」

牠的敎育宗旨，是敎民德，是敎倫理的。——五典。

舜典說：「帝曰：「棄！百姓不親，五品（父子，君臣，夫婦，長幼，朋友，五者的名位等級。）不遜，汝作司徒，敬敷五敎，在寬。」

又說：「愼徽五典，（父子有親，君臣有義，夫婦有別，長幼有序，朋友有信。）五典克從。」

皐陶謨說：「天敍有典，勑我五典五惇哉！天秩有禮，自我五禮有庸哉！」

武成說：「重民五敎。」

牠的敎法，是用體罰的。

舜典說：「扑作敎刑。」

皐陶謨說：「戒之用休，董之用威，勸之以九歌，俾勿壞。」

敎的成績，是使人「德脩」「道積」的。

說命下說：「惟學遜志，務時敏，厥脩乃來。允懷于茲，道積于厥躬。」

又說：「惟斆學半，念始終典于學，厥德脩，罔覺。」

乙 刑罰

刑罰的目的，據尚書看來，是拿來輔佐教育所不及的，是推行政治的。

皋陶謨說：「帝曰，「皋陶！惟茲臣庶，罔或于予正。汝作士，明于五刑，以弼五教，期于予治；刑期于無刑，民協于中，時乃功，懋哉！」

呂刑說：「士制百姓于刑之中，以教祇德。穆穆在上，明明在下，灼于四方，罔不惟德之勤。故乃明于刑之中，率乂于民棐彝。」

刑罰既用來輔助教育；但是施行以後，人要受痛苦的，所以執法的人，第一要有仁愛的存心，謹慎去辦理。

康誥說：「惟乃丕顯考文王，克明德愼罰。」

康誥又說：「要囚服念五六日，至于旬時，丕蔽要囚。」

立政說：「式敬爾攸獄，以長我王德，茲式有愼，以列用中罰。」

又說：「惟敬五刑，以成三德。」

呂刑說：「王曰，「吁！來！有邦有土，告爾祥刑。在今爾安百姓，何擇非人，何敬非刑，何度非及。」

又說：「刑罰非死，人極于痛。非佞（口才）折獄，惟良（溫良）折獄。罔非其中。察辭有差，非從惟從，哀敬折獄，明啓刑書胥占，咸受中正。其刑其罰，其審克之！獄成而孚，輸而孚，其刑上備，有幷兩刑。」

第二要守法。

君陳說：「殷民在辟，予曰「辟」，爾勿辟；予曰「宥」，爾勿宥，惟厥中。」

又說：「有弗若于汝政，弗犯于汝訓，辟以止辟，勿辟。」

又說：「無倚勢作威，無倚法以削，寬而有制，從容以和。」

康誥說：「非汝封！刑人殺人，無或刑人殺人；非爾封！

又曰，劓刵人，無或劓刵人。」

呂刑說：「五過之疵，（病）惟官，（威）惟反，（報德怨）惟內，（女謁）惟貨，（賄賂）惟來，（干請）其罰維均，其審克之！」

第三要公正，不爲威屈，不爲利誘。

呂刑說：「典獄非訖于威，惟訖于富。敬忌，罔有擇言在身，維克天德，自作元命，配享于下。」

刑罰的方法。舜時止有流，有鞭，有扑，有贖，有賊刑。至于苗民，就有劓鼻的劓，割耳的刵，鑿孔子的椓，刺面的黥，割腎子的宮了，（語本困學紀聞引范蜀公正書說：「舜之五刑：流也，官也，教也，贖也，賊也。流宥五刑者，舜制五流，以宥三苗之劓刵剕宮大辟也。皇王大紀本諸此，而以墨，劓，剕，宮，大辟，爲賊刑之目。」

舜典說：「象以典刑，流宥五刑，鞭作官刑，扑作教刑，金作贖刑，眚災肆赦，怙終賊刑……欽哉欽哉！惟刑之恤哉！」

又說：「皐陶！蠻夷猾夏，寇賊姦宄。汝作士，五刑有服，五服三就，五流有宅，五宅三居，惟明克允。」

呂刑說：「苗民弗用靈，制以刑。惟作五虐之刑，曰法。殺戮無辜，爰始淫爲劓，刵，椓，黥。越茲麗刑，並制，罔差其辭。」

罪名不多見，止有盜賊，姦宄，殺人，搶劫，的刑事犯。

康誥說：「凡民自得罪，寇攘姦宄，殺越人以貨，暋不畏死，罔弗憝。」

犯罪論，大體看來，是重造意，輕結果的；重主觀，輕客觀的；所以過失，錯誤，（眚）不可抗力，（災）的犯罪，不論大小，就要赦免。故意，有恃，（怙）再犯的犯罪，雖是很輕，亦要罰他，重的更不要說了。

舜典說：「眚（過誤）災（不可抗力）肆（遂）赦，怙。（有恃）終（再犯）賊（殺）刑。」

皐陶謨說：「宥過（過失）無大，刑故（故意）無小。」

康誥說：「敬明乃罰，人有小罪非眚，（非過誤）乃惟終。（因爲亂常之事）自作不典，式（用）爾，有厥罪小，乃不可不殺。乃有大罪，非終（非是故犯）乃惟眚災，適（偶）爾，（偶爾如此）既道極厥辜，（自首）時乃不可殺。」

呂刑說：「上刑（事在上刑）適輕，（情適輕）下服。（則服下刑）下刑（事在下刑）適重，（情適重）上服。（則服上刑）

君陳說：「狃于姦宄，敗常亂俗，三細不宥。」

在用刑的寬嚴方面來看，是主張寬的。

臯陶謨說：「臯陶曰：「帝德廣衍，臨下以簡，御衆以寬。罰弗及嗣，賞延于世，罪疑惟輕，功疑惟重，與其殺不辜，寗失不經，好生之德，洽于民心，茲用不犯于有司。」

犯罪有疑的時候，就可以改罰，就可以赦，也可以看出主寬的色彩。

呂刑說：「兩造（兩爭者）具備，（證辭皆在）師（衆）聽五辭；（五刑之辭）五辭簡（核實）孚，（無疑）正于五刑；五刑非簡，正于五罰；五罰不服，正于五過。」

又說：「五刑之疑有赦，五罰之疑有赦，簡孚有衆，惟貌有稽，無簡不聽，具嚴天威。」

又說：「墨辟疑赦，其罰百鍰，閱實其罪；劓辟疑赦，其罰惟倍，閱實其罪；大辟疑赦，其罰千鍰，閱實其罪；墨罰之屬千，劓罰之屬千，剕罰之屬五百，宮罰之屬三百，大辟之罰，其屬二百，五刑之屬三千，上下比罪，無僭亂辭。勿用大行，惟察維法，其審克之。」

刑罰是守死法，無活動伸縮之餘地的。但是由尚書上看來輕重寬嚴既然因犯罪的情節而有不同；而且對于當時社會的情況，也要有分別的必要。

呂刑說：「輕重諸罰有權。刑罰世輕世重，惟齊非齊，有輪有要。」

至于刑罰的效果，是在使人不敢犯法。

皐陶謨說：「……期於於治，刑期於無刑。」

丙　戰爭

戰爭，在尚書上看起來，是很不以爲然的。你看大禹謨上紀載禹會羣后，征有苗，「三旬，苗民逆命。」後來，益對他說：「惟德動天，無遠弗屆。」及「至誠感神，矧茲有苗，」等話，禹就拜「昌言」，「班師振旅，誕敷文德，舞干羽於兩階，七旬，有苗格，」一段故事，就曉得了。但是後來湯武都用武力來除暴安民，也似乎有時當治者任性妄爲的時候，也不得不用他來革命，來救濟了。所以甘誓胤征湯誓泰誓牧誓武成紀載戰爭的說話，也就很隆重底看待。

在這幾篇詞誓上看來，我們可以找出幾箇戰爭的要點。

第一要與敵人度德量力，戰鬥時，要自己有道理。

泰誓上說：「同力度德，同德度義。」

第二要萬衆一心。

泰誓上說：「受有臣億萬，惟億萬心；予有臣三千，惟一心。」

泰誓中說：「受有億兆夷人，離心離德；予有亂臣十人，同心同德；雖有周親，不如仁人。」

第三要威嚴。

胤征說：「威克厥愛允濟，愛克厥威允罔功。」

牧誓說：「尚桓桓，如虎如貔，如熊如羆；於商郊，弗迓克奔，以役西土，勗哉夫子！」

第四要政令畫一。

甘誓說：「左不攻於左，汝不恭命；右不攻於右，汝不恭命；御非其馬之馬，汝不恭命。」

牧誓說：「今日之事，不愆於六步七步乃止齊焉！夫子勗哉！不愆於四伐五伐六伐乃止齊焉！勗哉夫子！」

胤征說：「政典曰，『先時者，殺無赦；不及時者，殺無赦。』」

第五要明賞罰。

甘誓說：「用命賞於祖，不用命戮於社，予則孥戮汝。」

泰誓說：「功多有厚賞，不迪有顯戮。」

湯誓說：「爾尚輔予一人，致天之罰，予其大賚爾！爾無不信，朕不食言，爾不從誓言，予則孥戮爾，罔有攸赦。」

牧誓說：「爾弗克勗，其於爾躬有戮。」

丁、官制

尚書上對於官制，紀載很不詳細，大概亦是重人輕法的緣故，何以見得呢•

周官說：「明王立政，不惟其官，惟其人。」

又說：「官不必備，惟其人。」

因爲這箇緣故，所以要在尚書上找官制，那就很難，但是唐虞周三代，尚有可查，夏殷二代，就「杞宋無徵」了。現在把可考見的，寫在下面。

朝別	官名	員數	人名	職掌
唐	羲和			欽若昊天，歷象日月星辰，敬授人時。

（據堯典）							虞	據）
羲仲	羲叔	和仲	和叔	四岳	百揆	羣牧	百揆	司空
							司空兼	一
								禹
宅嵎夷，曰暘谷。寅賓出日，平秩東作，日中星鳥，以殷仲春，厥民析，鳥獸孳尾。	宅南交，平秩南訛，敬致日永星火，以正仲夏，厥民因，鳥獸希革。	宅西，曰昧谷。寅餞納日，平秩西成，宵中星虛，以殷仲秋。厥民夷，毛獸毛毨。	宅朔方，曰幽都。平在朔易，日短星昴，以正仲冬，厥民隩，鳥獸氄毛	堯典說：「帝曰，咨！四岳！」舜典說「詢于四岳。」	舜典說：「納於百揆，百揆時敘。」	舜典說：「乃日覲四岳羣牧。」		平水土，

（舜典）

后稷	一	棄	播時百穀。
司徒	一	契	敬敷五教，在寬。
士	一	皋陶	明五刑。
工	一	垂	工。
虞	一	益	上下草木鳥獸。
秩宗	一	伯夷	典三禮。
樂	一	夔	典樂，教胄子。
納言	一	龍	出納帝（朕）命。
四岳	一		領四方諸侯。
十二牧	一二		十二州牧。

夏	？			
商	？			
周	三公	大師一 大傅一 大保一		論道經邦，燮理陰陽。
（據周官）	三孤	少師 少傅 少保		貳公弘化，寅亮天地，弼帝（予）一人。
	六卿			分職，各率其屬，以倡九牧，阜成兆民。
	冢宰	一		掌邦治，統百官，均四海。
	司徒	一		掌邦教，敷五典，擾兆民。
	宗伯	一		掌邦禮，治神人，和上下。
	司馬	一		掌邦政，統六卿，平邦國。
	司寇	一		掌邦禁，詰姦慝，刑暴亂。

司空	一		掌邦土，居四民，時地利。
四岳			
九牧			

照上面看起來，官制係因乎那時候的需要而定的。唐堯時的氣候時日，很不明白，不便於農業，所以重「羲和」。虞時洪水爲患，所以重「司空」，到了周朝，人事方面——倫理——要緊，所以重「三公」。至於外官的「侯牧」，是守土的職官，那就各朝都一樣了。

官階，周朝就有分等。

武成說：「列爵惟五，分土惟三。」

職官的人數，代代增加，可以曉得事務日多，人口日增，地方也日闊。

周官說：「唐虞稽古，建官惟百，內有百揆四岳，外有州牧侯伯，庶政惟和，萬邦咸甯，夏商官倍，亦克用乂。」

第五章 結論

照上面看來，處處都表現重人治，重德治的色彩。官制，是「不必備，惟其人」的：「邦之杌隉，是由一人」的；「邦之榮懷，是由一人之慶」的；首領的職務，全在于知人的；治者的重任，全在於安人的；治國平天下的大本領，全靠於執中精一於惟危底人心的；無論說什麽事，都在乎人，豈不是人治政治嗎？「皇天無親，惟德是輔」的；「德惟治，否德亂」的；首領的資格，在於「克明俊德」；職員的資格，在於「咸事九德」；首領的職務，在於知有德，任有德；職員的任務，在于滋樹德，（泰誓）崇報德；（武成）刑罰的目的，在於弼教；但是教育的宗旨，又在於教民德；典學的效果，在於厥德脩；（說命下）戰爭目的的，在於除暴，但是他的效果，不如誕敷文德，（大禹謨）勝負的標準，在於度德；（泰誓說）無論什麽事，都在乎德，豈不是德治政治嗎？書大傳說：「孔子曰，六誓（廿誓湯誓牧誓泰誓費誓秦誓）可以觀義，五誥（仲虺之誥湯誥大誥康酷酒誥）可以觀仁，甫刑可以觀誡，洪範可以觀度，禹貢可以觀事，臯陶謨可以觀治，堯典可以觀美，」這樣看起來，尚書一部書，說他是道德學，也沒有不可以；稱他的政治學說，爲德治的政治學說，也沒有不可以的了。

牠說的道德，消極的多過積極的。積極的道德，止有聽，明，仁，義，直，毅，誠，剛，勤，忠，孝，禮，常，十二個。消極的，就有敬，恭，實，柔，簡，儉，謙，讓，容，忍，從諫，不自用，不荒，不逸，不傲，不寵，不辯，不狎侮，不暴虐，不讒，僞，矜，傲，疑，私，姦，宄，威福，恥過，二十九個。什麽緣故消極的這樣多，積極的這樣少呢？因爲一箇人，都有自私，自利，自大，自樂的本能；都有勝人，高人，役人，淩人，的天性；這種本能，這種天性，發達了，人與人，就要爭，就要亂。但是人民與人民相爭，可以設治者來管理他，教導他；然而治者也是人，他也有本能，也有天性；而且權呢，勢呢，祿呢，位呢，四樣，更容易助本能天性的發達。那不是他侵害人民的程度，更要利害嗎！更要凶惡嗎？更要普偏嗎？所以要設了怎麽多的克己制欲的消極道德，來鉗制他，若不是這樣，他的本能，天性，發達極了，人受他的侵害極了，就要抗拒，就要革命，就要爭亂。爭亂的結果，治者固然沒有好處，就是社會，也着實損失了。所以要國家治安，就要人不爭亂，要人不爭亂，就要治者克己。要治者克己，就要怎麽多的消極道德鉗制他。至積極道德，不過更進一步，希望他利人罷了。是尙書的道德說，多數在消極方面；建立在人的本能天性的心理方面。宋朝朱夫子的學生蔡沈，序書集傳說：「二帝三王之治本於道，二帝三王之治本於心。得其心，則道與治，固可得而言矣！何者？精一執中，堯舜相授之心法也；建中建極，商湯周武相傳之心法也；曰德，曰仁，曰敬，曰誠，言雖殊，而理則一，無非所以明此心之妙也；至於言天，則嚴其心之所自出；言民，則謹其心之所由施；禮樂敎化，心所發也；典章文物，心之著也；家齊國治而天下平，心之推也；心之德，其盛矣乎！二帝三王，存此心者也；夏桀商受亡此心者也；大甲成王困而存此心者也；存則治，亡則亂，治亂之分，顧其心之存不存耳。後世人主，有志於二帝三王之治，不可不求其道。有志於二帝三王之道，不可不求其心，求心之要，舍是書何以哉！」

照這樣看來，尙書一部書，說他是心理學，也沒有不可以。稱他的政治學說，爲心理的政治學說，也沒有不可以的了。

尙書五十八篇，中間五十六篇，都是官府的文告。——典，謨，訓，誥，誓，命。——不能說牠是純粹的學說。可稱爲學說的，止有一篇洪範，其餘一篇禹貢。禹貢是政治地理。至於洪範呢？據漢書說：是「禹治洪水，錫洛書法，而陳之洪範。」據史記說：是「武王克殷，訪問箕子以天道，箕子以洪範陳之，」大約係大禹的學說，世世相傳，至于箕子，以授武王的治天下底大法，牠的種類有九世所以謂「九疇」，那九種呢？

(一)五行——水，火，木，金，土。

(二)敬用五事——貌，言，視，聽，思。

(三)農用八政——食，貨，祀，司空，司徒，司寇，賓，師。

(四)協用五紀——歲，月，日，星辰，歷數。

(五)皇極——皇建其極，斂時五福。

(六)乂用三德——一日正直，二日剛克，三日柔克。

(七)明用稽疑——雨，霽，蒙，驛，克，貞，悔。

(八)念用庶徵——雨，暘，燠，寒，風，時。

(九)嚮用五福——壽，富，康，甯，攸好德，考終命。

威用六極——凶短折，疾，憂，貧，惡，弱。

這九種中間，「五行」「八政」「五紀」「稽疑」「庶徵」五疇，都是關于農業的事件。牠所講的「五福」「六極」除是身體上康强壽否外，止說一個「富」字，沒有說貴，及其牠，可見牠是注意經濟的。不過牠那時「貿遷有無化居」的商業，垂所典的「工」，益所管「草木鳥獸」的森林畜牧業，都很幼稚；所以牠止注重農業經濟。我們看見大禹謨上禹說：「德惟善政，政在養民，水，火，金，土，木，穀，惟脩。正德，利用，厚生，惟和。」的話，可以曉得。我們看見唐堯時注重敬授人時的義和，虞時司空兼百揆，后稷敎民播百穀，周官三公燮理陰陽的注意點，可以相信。而且禹貢一篇，雖說的是政治地理，但是牠對於九州的土質，田等，產品，賦額，貢物，很詳細明白的紀載。可見他對于農業經濟，是異常注重。這樣講起來，尙書的學說，可以說是農業經濟學說；牠所說的政治，也可以說「農業經濟的政治。」

孔子論政，既庶之後，第一是富之，其次就是敎之。大約係出于畢命所說。的「資富能訓，惟以永年」，一句話。但是尙書上說「富之」的經濟學說，有「洪範」，「禹貢」，「堯典」，「大禹謨」，等篇，可以查考。至於「教之」的教育學說，可考的，就嫌不多了！而且教育宗旨，偏重父子有親，君臣有義，夫婦有別，長幼有序，朋友有信的德育。至於謀生的智識技能，就沒有談及。說命雖說是言學之始，（困學紀聞說）但是所教的，恐怕偏重在「胄子」方面去了。教法，止有督促的扑刑，沒有引導誘掖的方法，終是不濟。這幾層，不能不說牠是缺憾了。

這種缺憾，還是小的。尙書上說政治最大的缺憾，還在于主奴倒置，上下錯亂。既然說「民爲邦本」，既然說「天視自我民視，天聽自我民聽。」「天聰明自我民聰明，天明畏自我民明威。」那就是說天就是民，民就是天，「惟辟奉天」，就是惟辟奉民，民是主，君是僕，豈不直捷了當嗎！爲什麽又要說「天祐下民，作之君，作之師，」呢？爲什麽又要說「天子作民父母，爲天下主，」「元后作民父母，」呢？這樣一來，就要君爲上，民爲下了，更加之以父子，君臣，長幼，的教。又加以刑來弼教。又浸以「一人元良」，「一人有慶，」倚賴性的說話，那主奴就立刻倒置了！尤奇的就是說君是天子，又是人民的父母。牠的倫理見解，豈不是說天生君，君生民嗎？豈不是說天是君的父母，君又是民的父母嗎？這樣一來，自然要「惟辟奉天，」稱人民爲子民了，自然是君爲主，臣爲僕，君爲上，民爲下了，所以結果，就有「惟辟作福，惟辟作威，惟辟玉食」的專制學說。就釀成數千年君主專制政體的事實。

其次的缺憾，就是看得德治大重，看得法治大輕。牠既然曉得人有自私，自利，自大；自尊，勝人，損人，役人，凌人，的本能；就要想法子把助長本能凶焰的權勢，分開些，減輕些。助長驕侈的祿位，損短點，監制點；外國的「三權分立」，「議會立憲」制，就從此發生的。但是牠看得這種法制大輕，以爲有道德來管束本能，自比這種束縛的法律好。殊不知道德的本身，不能使人必用。若是本能過強，不信道德的人，那嗎？他的政治，就糟了！以是乎又倡出「天視民視」的學說，拿天來恐嚇他；但若是碰見「弗克若天」的桀，「謂已有天命」的受，他又不情了。以是乎德治的術，就窮以應付。到這田地，就不能不主張革命。那平時謂爲不知「誕敷文德」的戰爭，也就不能不用了。所以廿誓胤征湯誓泰誓牧誓武成連篇紀載。但是用戰爭來解决政治，好比用快刀來斬亂絲。亂絲固可以解脫，但是旣被斬斷，就傷損了。所以每遇一次革命，當戰爭時的損失，固不在言；就當革命以前，治者施行釀成革命的政治以後，長時間人民所受無法救濟的痛苦，也不可勝算，這就是看得法治大輕的缺憾。

尙書有這幾種缺憾，所以有人說要把牠丟在毛厠裏去。但是牠所說的「人治」，「德治」，是我中國人自誇爲「禮義之邦」的精詣。是自誇爲「精神文明」的骨髓，是人民腦筋中，認爲「天經地義」的學說。若是一味主張法治，不顧及牠；抑或認德治爲害及法治，起來破壞他；不惟不合人民的脾胃，必惹起反動。而且壞的官吏，就會無所顧忌，倚法作姦。汝采取「選舉制」，他就向人民買票；汝主張「議院制」，他就向議員賄選；汝以爲「總統制」好，他就利用大權行帝制；汝以爲「

聯省制」好，他就利用分治來割據；凡是外國的好制度，一到中國，就不能實行，就沒有好結果，這就是徒然采取外國的法制，破壞本國的德治的緣故。孟德斯鳩說「需威而成專制，需法而成立憲，需道德而成共和」。中國要行共和政體嗎？若然。自當注重道德。要注重道德，舍尚書這部書言德治的政治學外，沒有別種。而且牠說的德目，雖或有不合於現在，但是完全建築在心理方面；牠的政制，又完全建築在經濟方面；所以我復從毛厠裏，把這部書拿來，從新研究一回，寫在上面，有沒有錯誤？請大家指敎！

十五年，六月，上海。